SICHTBARE ZEIT

SICHTBARE ZEIT

RUDI VAN DIJK

Ausstellung in der Kulturwerkstatt Meiderich

10.9.2017 bis 29.10.2017

Ich und die Farbe sind eins. Ich bin Maler.

Paul Klee

Rudi van Dijk - Sichtbare Zeit
Ausstellung in der Kulturwerkstatt Meiderich Reihe
edition kulturwerkstatt
Herausgeber: Kulturwerkstatt Meiderich
Layout, Design, Cover, Authoring: Klaus Happel
ISBN 9783942961615

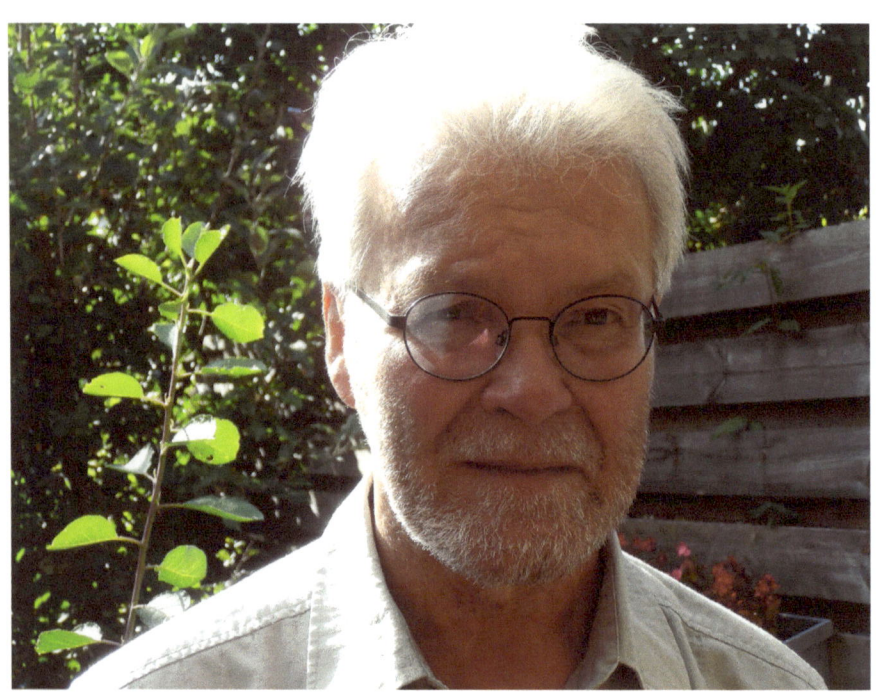

Rudi van Dijk

Einleitung

von Rudolf Kley (Kulturwerkstatt)

Rudi van Dijks Ausstellungstitel „Sichtbare Zeit" drückt nicht den Wandel im Verlaufe der Zeit aus, sondern meint eine Wiederholung, die seine Malerei den sich wiederholenden Abläufen der Natur nähert: „Der Prozess des Malens bezieht sich auf identische Prozesse in der Natur: Wachstum, Veränderung, Bewegung, Sättigung, Tod und wieder wachsen. Sichtbare Zeit."

Darauf gehe ich gerne noch einmal genauer ein. Lassen Sie mich zunächst erzählen, wie ein Niederländer aus Eindhoven gerade nach Meiderich (Duisburg, Ruhrgebiet) kommt und warum in der Ausstellung eines ehemaligen Hochschullehrers für freie Malerei Metallplastiken zu sehen sind?

Es gibt dazu eine etwas ungewöhnliche Geschichte. Im Dezember 1980 hatte ich in einer Galerie in Eindhoven eigene Bilder ausgestellt. Zuvor hatte ich mir Dias mit Werken von Künstlern zeigen lassen, die vor mir dort ausgestellt hatten oder noch ausstellen würden. Mir gefielen die Bilder von Rudi van Dijk und ich lernte ihn bei der Ausstellungseröffnung persönlich kennen. Ich wollte unbedingt Arbeiten von ihm in unserer Galerie 77 in Duisburg-Meiderich zeigen, hatte aber keine Ahnung, wie ich dies mit dem Zoll bewerkstelligen sollte. Meine Bilder für die Ausstellung in Eindhoven hatte ich im Kofferraum hin -und zurücktransportiert. Zum Glück hatte man mich nicht angehalten.

Schließlich fanden wir eine Lösung. Ein von mir wegen seiner Direktheit und Ehrlichkeit sehr geschätzter Künstler, Dieter Pirdzun, erklärte sich bereit, Rudi van Dijk einen Monat in seiner großen Wohnung arbeiten zu lassen. Dazu räumte er das größte Zimmer vollständig aus und schaffte hervorragende Arbeitsbedingungen. Die Ortsveränderung wirkte wie ein Katalysator auf Rudi van Dijk und er brachte ganz neue Dinge hervor. Rudi van Dijk hatte vorher schon an der Wende zur vollständigen Abstraktion gestanden. Davor waren seine Bilder ansatzweise noch etwas figürlich. Er hatte sich auch mit der Werbung und der Fremdbestimmung des Menschen auseinandergesetzt. Die Bilder, die in Meiderich entstanden, waren dagegen pure Malerei: „…und es war schließlich wichtiger, dass ich male und wie ich male!"

Das ist es, was von seinem Aufenthalt im „Ein-Monats-Atelier" bei dem Metallbildhauer Dieter Pirdzun die Zeit bis heute überdauert hat. Alle Arbeiten, die in diesem Zeitraum entstanden waren, stellten wir in der Galerie 77 aus und die Ausstellung fand großen Anklang.

Wenn ich Rudi van Dijks Arbeiten heute sehe, so erkenne ich in vielen noch immer eine ähnliche Arbeitsweise, wie sie Rudi van Dijk bereits 1981 beschrieben hat: „Meine Zeichnungen und Gemälde entstehen durch das Aufbringen des Materials auf eine bestimmte Weise. Die Weise, auf die gezeichnet wird oder gemalt wird, d.h. der Strich, der Rhythmus, die Bewegung, die Handschrift sind bestimmend für den endgültigen Charakter. Materie und Charakter formen ein Ganzes. Diese Handlungsweise entsteht intuitiv, oft basierend auf der Form oder dem Format. Der Prozess des Malens besteht dann aus einem stetigen Wiederholen dieser gefundenen Arbeitsweise. Es ist ein Prozess des Hinzufügens, bis eine Sättigung, eine äußerste Konzentration erreicht ist. In diesem Prozess entsteht eine materielle Änderung: Papier und Kreide, Leinwand und Farbe werden transformiert zu einer neuen Einheit, einer neuen Materie."

Es gab anschließend mehrere gemeinsame Ausstellungen, an denen u.a. Dieter Pirdzun, Rudi van Dijk und ich als Gruppe teilnahmen. In Duisburg, aber z.B. auch 1982 in Dortmund in der Westfalenhalle beim „Marktplatz Ruhrscene", bei der 80 Teilnehmer von 500 Bewerbern die kulturelle Vielfältigkeit des Ruhrgebiets zeigten.

„Eiserne Objekte waren in Dortmund Publikumsmagnet", schrieb die Westdeutsche Allgemeine als Überschrift und widmete Dieter Pirdzun einen großen Teil des Berichtes über die Ausstellung. Obwohl Autodidakt war Pirdzun als Künstler längst ausgereift.

Dieter Pirdzun ist 1987 tödlich verunglückt. Wir freuen uns, dass Gerd Losemann, Sprecher der Duisburger *Sezession* und Gründer der Galerie DU/Art, uns für diese Ausstellung zwei mobile Objekte aus dem Nachlass des Künstlers zur Verfügung gestellt hat. Dafür danken wir ihm ganz herzlich. Diese Ausstellung ist damit auch eine Hommage an Dieter Pirdzun.

Doch zurück zu den Bildern von Rudi van Dijk.

Die Werke von Rudi van Dijk verlangen vom Betrachter verlangen ein genaues Hinsehen. Dafür darf er sie interpretieren, wie er es gerne möchte. Es steht ihm frei, an ihrer Existenzberechtigung zu zweifeln oder sie von Herzen mit seinen Gedanken in Beschlag zu nehmen. Rudi van Dijk gewährt dem Betrachter dabei einen unbegrenzten Freiraum, den er mit seinen eigenen Vorstellungen füllen kann. „Für mich ist es sehr wichtig, dass die Betrachter meine Bilder frei interpretieren können. Nicht was ich beabsichtig habe, ist wichtig, sondern was sie darin sehen."

Seine Lehrtätigkeit hat ihn geformt und ihm die Freiheit für seine Malerei geschenkt. Das merkt man. Das unterscheidet ihn. Der Existenzkampf war nicht sein Kampf, sondern das Ringen um jedes einzelne seiner Werke, bevor es in seinen Augen bestehen konnte. Diese Freiheit spürt man förmlich. Rudi van Dijk ruht kompromisslos in sich und in seinen Werken.

Von Anfang an habe ich viel uns Gemeinsames in seinen Werken sehen können. Später hat sich im Laufe zahlreicher Diskussionen unsere grundsätzlich gleiche Auffassung über Malerei bestätigt, wobei insbesondere unsere Diskussionen während seines Aufenthalts in Duisburg 1981 manchmal recht heftig waren. Einmal hat er mich sogar aus seinem Gastatelier verbannt, weil ich seine Konzentration beim Malen mit meinen Fragen störte. Ein heilsamer Akt. Erst beim Durchlesen seines Textes zu dieser Ausstellung ist mir wieder klar geworden, wie sehr wir die gleichen Künstler schätzen.

Natürlich habe ich mich riesig auf seine Ausstellung in der Kulturwerkstatt gefreut. Ich schätze die Klarheit seiner Worte, wenn er Stellung zu seiner Malerei bezieht und sein künstlerisches Anliegen darlegt. Er ermutigt den Betrachter zum Mitdenken, der dabei nach seiner Auffassung nicht falsch liegen kann. Das sagt er ihm ganz offen. Rudi van Dijk macht die Tür auf und der Betrachter kann vorurteilsfrei in seine Kunst eintreten. Vielleicht begreift er sich ja dann auch als ein Teil dieser Kunst und sieht sich bewusster als Teil der immer wiederkehrenden Abläufe in der Natur.

Duisburg, im August 2017

Rudolf Kley

Rudi van Dijk über sich selbst

Wichtige Momente. Wichtige Begegnungen. Wichtige Ereignisse. Davon gibt es viele innerhalb eines Künstlerleben. Sie sind wichtig, weil sie alle mit neuen Entwicklungen zu tun haben, neuen Möglichkeiten, neuen Wegen. Sie haben auch alle mit Kunst zu tun, mit Künstler-Kollegen, Kritikern, Publikum, Kunstwerke, Ausstellungen, Galerien, Texte über Kunst usw.

1981 bin ich Rudolf Kley zum ersten Mal begegnet. Rudolf Kley, der begeisterte Künstler und Kulturaktivist aus Duisburg–Meiderich. Ich hatte damals gerade eine Ausstellung in Eindhoven und Rudolf wollte unbedingt, dass diese Ausstellung auch in seiner Galerie 77 in Meiderich zu sehen sein sollte. Für mich eine große Ehre.

In dieser Periode fand in meiner Malerei eine neue Entwicklung statt, die mich von der gegenständlichen Kunst zur fundamental abstrakten Kunst führte. Die Einladung, in der Galerie 77 auszustellen, gab mir die Möglichkeit, zum ersten Mal diese neue Entwicklung dem Publikum zu zeigen.

1981 waren die Landesgrenzen noch richtige Grenzen. Es war kaum möglich Kunstwerke von einen Land in ein anderes zu bringen, ohne eine große Summe an Steuern oder anderen Abgaben zahlen zu müssen. Deshalb entschlossen wir uns, eine andere, viel interessantere Möglichkeit zu überprüfen.

Vor der Ausstellung in der Galerie 77 bin ich für einen Monat nach Duisburg gefahren und habe dort im Atelier des Bildhauers Dieter Pirdzun gearbeitet. Alles was ich dann innerhalb dieses Monats gemacht habe, wurde in der Galerie 77 ausgestellt. Einen Monat Tag und Nacht zu arbeiten und stundenlange Diskussionen, das hat der Entwicklung zum Abstrakten ein Riesenschritt gegeben, und hat mich auch überzeugt, dass es für mich „die gute Richtung" war.

Die Ausstellung war erfolgreich und hat dazu zu mehreren Kontakten im Ruhrgebiet geführt. Und sie hat mir eine lebenslange Freundschaft zu Rudolf Kley und seiner Familie beschert.

Was aber hat mich dazu gebracht, mich für ein Künstlerleben zu entscheiden?

Zu meinem zehnten Geburtstag schenkte mir mein Großvater einen großen Farbkasten. Wirklich groß! (Mein Großvater war selbst Hobbymaler.) Seit diesem Moment habe ich fast jeden Tag gemalt. Ein wichtiger Moment.

Rudi van Dijk

Als ich 14 Jahre alt war, hat mich mein Vater ins Museum Boymans Van Beuningen in Rotterdam geführt, wo ich zum ersten Mal ein Gemälde von Karel Appel sah, einem für seine abstrakt-expressionistische Malerei bekannten holländischen Künstler.

Ich war erstaunt und begeistert: „Das möchte ich auch können und lernen". Seit diesen Moment wusste ich Bescheid: Ich werde zur Kunstakademie gehen.

Nicht nur die Begegnung mit Karel Appel war ein großer Inspirationsbrunnen für mich. Später spielten auch Künstler wie Jasper Johns, Marc Rothko, Barnett Newman, Cy Twombly, Gerhard Richter, Per Kirkeby eine solche Rolle. Auch die Künstler der italienischen Arte Povera waren für meine Entwicklung wichtig. Diese Aufzählung ist nicht abgeschlossen. So zählt z.B. irgendwie auch Claude Monet dazu. Die Kunstgeschichte ist überall präsent. Sie beeinflusst in unterschiedlicher Weise und in einem unterschiedlichen Maß jeden Künstler.

Die Kunstakademie führte mich nach Tilburg, eine Schule mit einer klassischen Ausbildung (Figur-Studien, Porträt, Landschaft, Stillleben, Illustrationen usw.), aber dazu kamen frische, moderne Ideen. Eine sehr schöne Zeit. Die sechziger Jahre!

In Tilburg wurde ich als Kunstlehrer ausgebildet, eine Wahl die mir immer viel Freude bereitet hat.

Anschließend habe ich noch zwei Jahre an der Rijksakademie Amsterdam studiert, Abteilung Malerei. Eine angenehme Zeit, aber ich habe dort nicht viel gelernt. Diese Schule hatte eine sehr altmodische Kunstauffassung. Kein Raum für moderne Kunst. Der Lehrer (Professor!) kam jede Woche 5 Minuten vorbei und hatte kaum etwas zu sagen. Aber Amsterdam war schön.

Wenn man das Studium vollendet hat, kommt für viele junge Künstler die große Frage: „Was jetzt?"

Ich habe Glück gehabt: Gerade an diesen Moment wurde ich nominiert für den "Willink van Collenprijs", ein Preis für junge Künstler in Amsterdam. Ich sollte dann innerhalb eines Jahres eine Gruppe von 10 neuen Gemälden machen! Keine Zeit für Fragen. Arbeiten! Malen!

Den Preis habe ich zwar nicht gewonnen, aber meine berufliche künstlerische Karriere hat angefangen und dauert noch immer an.

Sichtbare Zeit - Ausstellung in der Kulturwerkstatt Meiderich

Zu einer solchen Karriere gehört insbesondere auch eine lange Reihe von Ausstellungen. Manchmal Gruppenausstellungen und auch viele Einzelausstellungen sowohl in den Niederlanden (meine Heimat) wie auch im Ausland: New York (Young Artists '75), Wroclaw (Breslau, Polen), Ljubljana (Laibach, Slowenien) und insbesondere in Lublin (Polen), wo ich dreimal eine Ausstellung in der Galeria Biala hatte. Kontakte mit dem Ausland und mit ihren Bewohnern sind deswegen so wichtig, weil jedes Land seine eigene Kultur und eigene Ideen Vorstellungen von die Kunst hat. Es verbreitert den Blick.

In den Niederlanden hatte ich verschiedene feste Galerien, in denen ich mehrmals ausgestellt habe: Tilburg, Eindhoven, Hengelo, Nuenen, Bladel, Ridderkerk und Nijmegen.

Lange Zeit war ich also mit 3 bis 4 Ausstellungen jährlich beschäftigt. Das heißt: immer neue Werke machen, immer neue Entwicklungen, immer neue Wege. Am schönsten war doch vielleicht die große Übersichtsausstellung in Museum Kempenland, Eindhoven, zu meinem 65. Geburtstag (2009).

Neben meinen künstlerischen Tätigkeiten war ich lange als Lehrer aktiv. In der Zeit von 1977 bis 1988 an der Kunstgewerbeschule in Eindhoven, der heutigen Design Academy, und von 1981 bis 2004 an der Hochschule Arnhem – Nijmegen, Fakultät Lehrerausbildung.

Es bedeutete für mich eine große Ehre, dass beide Institute mich zum Lehrer berufen haben. Das Amt gab mir eine feste finanzielle Grundlage. Die Unabhängigkeit wiederum gab mir eine große Freiheit bei meiner Malerei.

Am meisten faszinierten mich aber die Kontakte mit den Studenten, die vielen Gespräche und Diskussionen.

Um als Lehrer zukünftiger Künstler wirklich Bedeutung zu haben, sollte man sich bewusst sein über die eigenen Ideen, Gedanken und Fertigkeiten, und sie permanent hinterfragen. Manchmal wurde es mir beim Lehren klar, an welchem Punkt sich meine eigene Entwicklung befand.

Viele gute, noch immer andauernde Kontakte sind daraus entstanden.

Dreimal wurde ich auch als Gastdozent an eine Universität ins Ausland eingeladen: Lublin, Barcelona und Växjö (Schweden), wo ich 3 Monate gearbeitet habe.

Wie bereits erwähnt: Meine Kunst ist fundamental abstrakt. Es geht mir um die Malerei selbst. Man könnte sagen, dass die Ausgangspunkte seit 1981 immer die Gleichen sind: Bewegung, Rhythmus, Handlung, Wiederholung, Form, Farbe usw.

Das könnte einfach zu mathematischen, kühlen und gefühlsarmen Bildern führen. Das möchte ich aber nicht. Für mich ist ein künstlerisches Bild doch immer ein Ausdruck vom Charakter und Persönlichkeit des Künstlers. Jeder Strich, jede Linie, jeder Flecken trägt die DNA des Malers.

Meine Arbeitsweise hat immer einen organischen Charakter. In einer langen Reihe von Handlungen bauen sich die Bilder auf, werden die Bilder immer selbständiger, bis sie leben. Ich arbeite immer in Serien, mehrere Bilder mit gleichen Ausgangspunkten, die am Ende alle doch unterschiedlich sind.

Dieser organische Charakter bringt die Leute manchmal auf die Idee, dass meine Bilder irgendwo die Natur als Ausgangspunkt haben. Das aber ist nicht so. Höchstens sind sie der Natur ähnlich. Aber verstehen Sie mich richtig: Die Natur, das Leben ist für jeden Künstler immer ein wichtiger Brunnen der Inspiration.

Zum Beispiel gehe ich gerne hinaus in die Natur, zu Fuß oder mit dem Fahrrad. Ich habe öfters mehrtägige Wanderungen gemacht. Alles, was ich dann sehe, kommt später in meine Bilder zurück. Nicht in einem realistischen oder gegenständlichen Sinn, sondern transformiert zu den abstrakten Grundsätzen der Natur – der Geburt, dem Wachsen, dem Absterben und dann wieder zur Geburt. Der ewigdauernde Kreislauf der Natur.

Meine Kunst lässt sich als eine Wiederholung dieses Prozess verstehen. Diesen Prozess sieht man in den Wäldern, auf den Feldern, bei Blumen und bei Bäumen. Bei allem was wächst. Aber auch die Räumlichkeit der Landschaft fasziniert mich sehr. In Hessen habe ich manche schöne Begegnung mit der großen, offenen Landschaft und Natur gehabt. Auch Schweden war für mich in diesen Sinne sehr inspirierend: Wälder wie dort gibt es nur wenige.

Das alles lässt sich in meinen Bildern wiederfinden. Im Verborgenen, versteckt in abstrakter Bildsprache. Für mich ist es sehr wichtig, dass die Betrachter meine Bilder frei interpretieren können. Nicht was Ich beabsichtig habe, ist wichtig, sondern was sie darin sehen.

Für jeden kann das etwas Anderes sein. Jede Interpretation ist richtig. Es gibt kein "falsch". Es gibt keine "Wahrheit".

Meine Bilder eröffnen hoffentlich eine neue Welt, eine Welt, in der manches vertraut aussieht, in der aber trotzdem Neues und Anderes aufscheint.

Sichtbare Zeit - Ausstellung in der Kulturwerkstatt Meiderich

Am Ende entscheidet der Betrachter den Wert eines Kunstwerkes, das Publikum. Nicht der Künstler. Der macht es nur möglich.

Nach 36 Jahren wieder zurück in Duisburg. Wieder in Meiderich. Es freut mich zutiefst. Ich hoffe es gefällt Ihnen auch.

Eindhoven, im Sommer 2017

Rudi van Dijk

Malerei

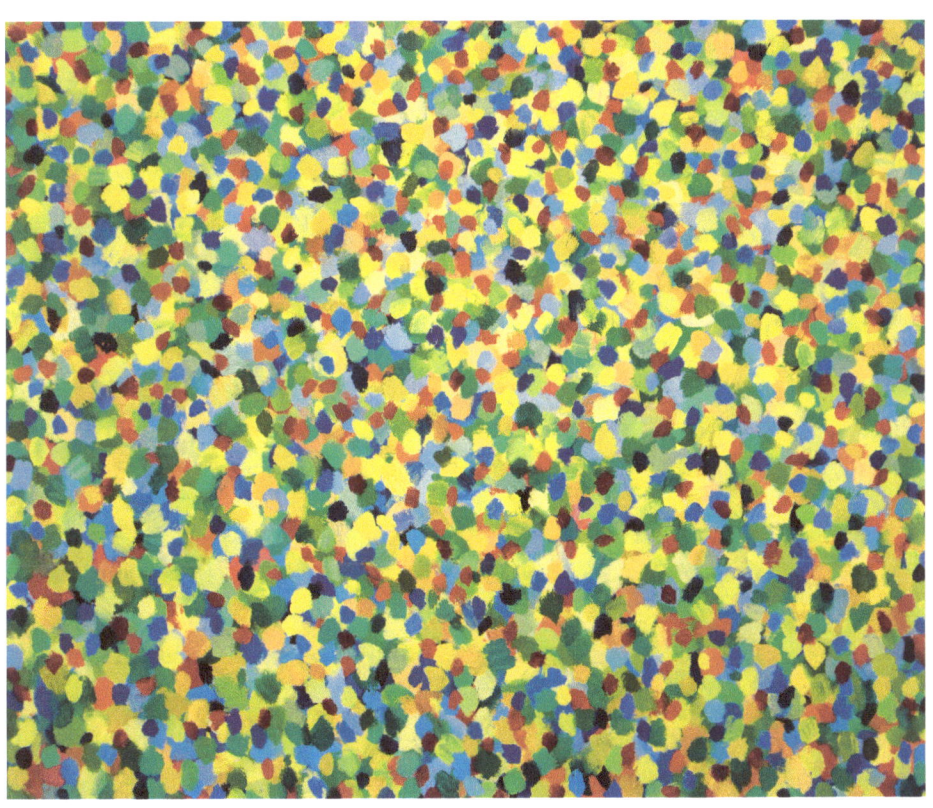

13-04   Öl auf Leinwand 120 x 100 cm

Sichtbare Zeit – Ausstellung in der Kulturwerkstatt Meiderich

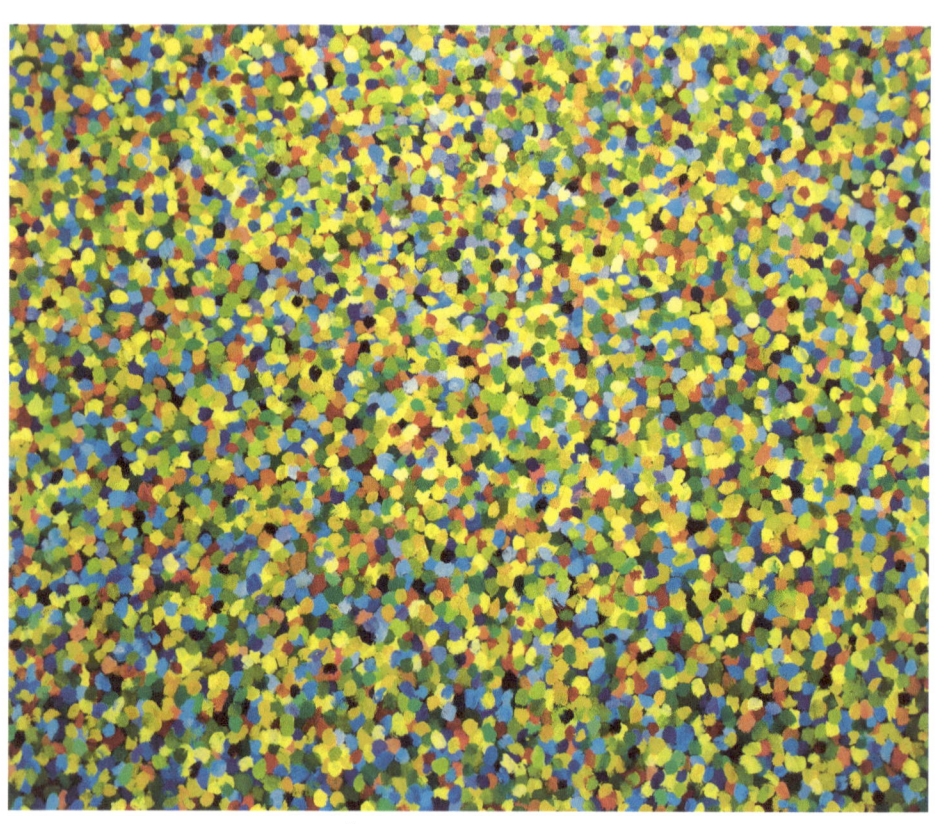

14-05   Öl auf Baumwolle 120 x 100 cm

Rudi van Dijk

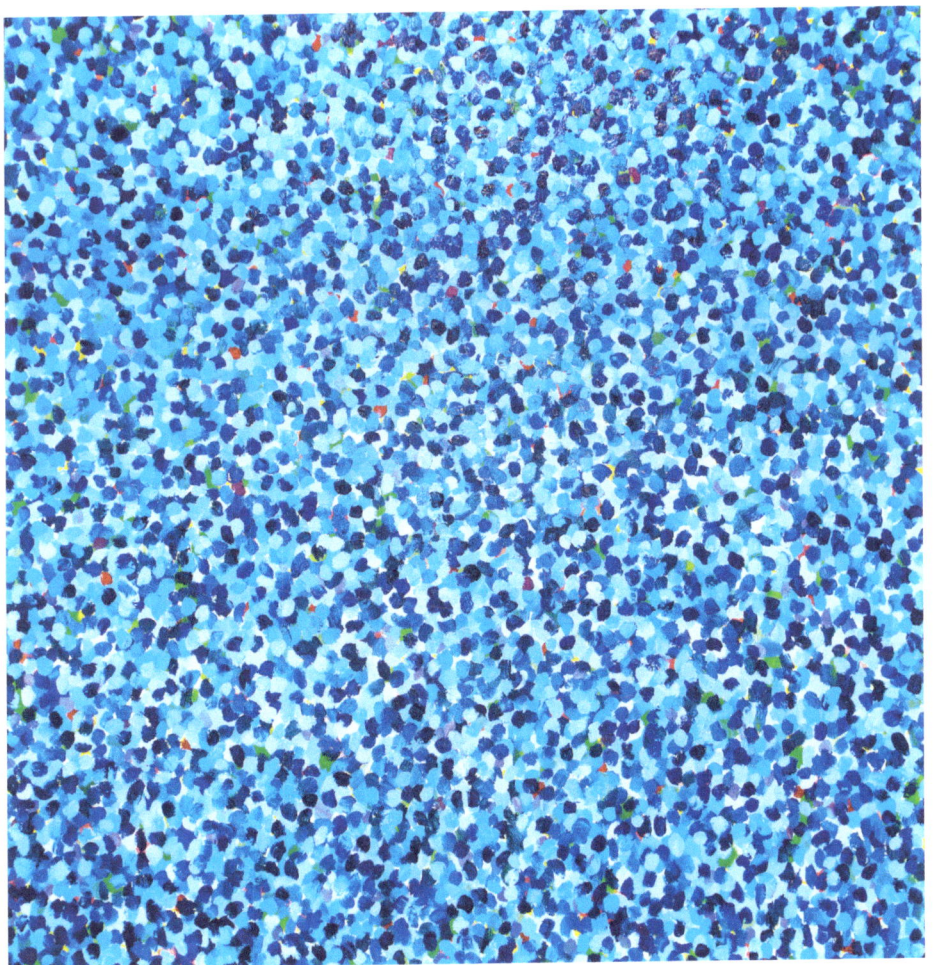

15-02   Öl auf Baumwolle 120 x 120 cm

Sichtbare Zeit – Ausstellung in der Kulturwerkstatt Meiderich

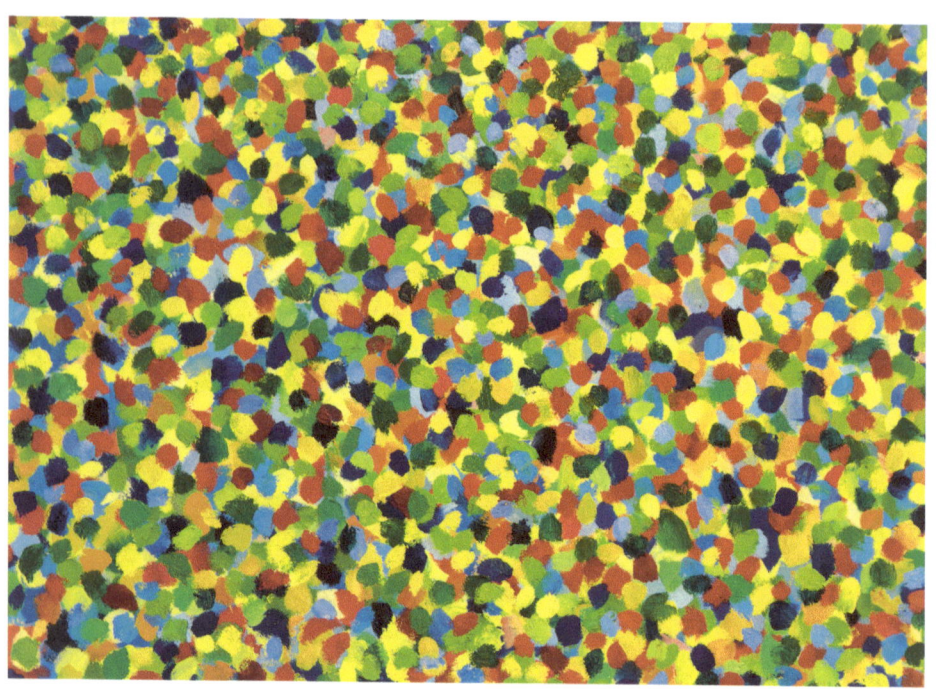

13-05   Öl auf Baumwolle 70 x 50 cm

Rudi van Dijk

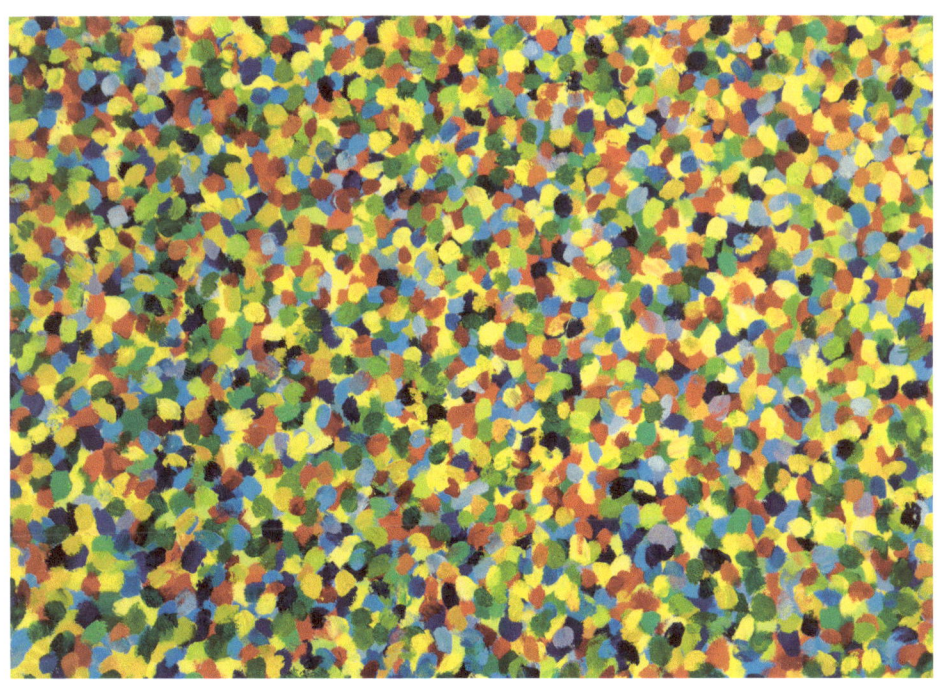

13-08   Öl auf Baumwolle 70 x 50 cm

Sichtbare Zeit – Ausstellung in der Kulturwerkstatt Meiderich

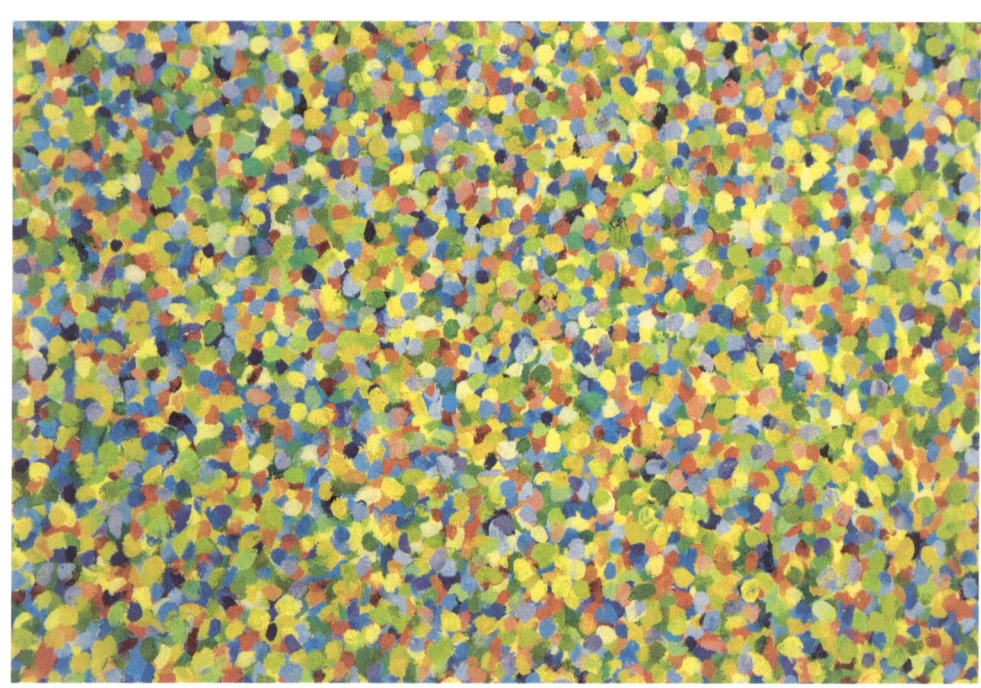

14-06   Öl auf Baumwolle 75 x 50 cm

Rudi van Dijk

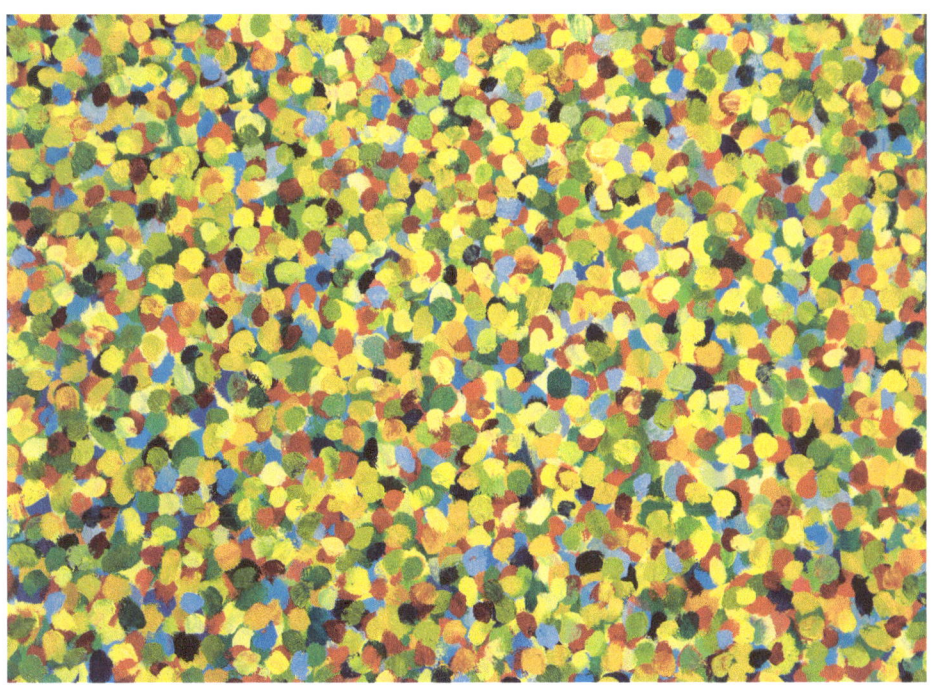

14-07   Öl auf Baumwolle 70 x 50 cm

Sichtbare Zeit – Ausstellung in der Kulturwerkstatt Meiderich

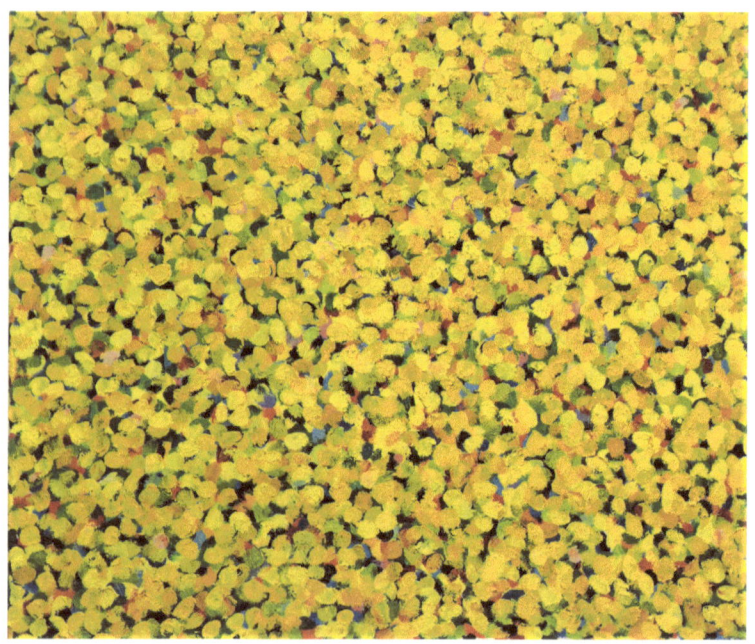

16-04   Öl auf Baumwolle 60 x 50 cm

Rudi van Dijk

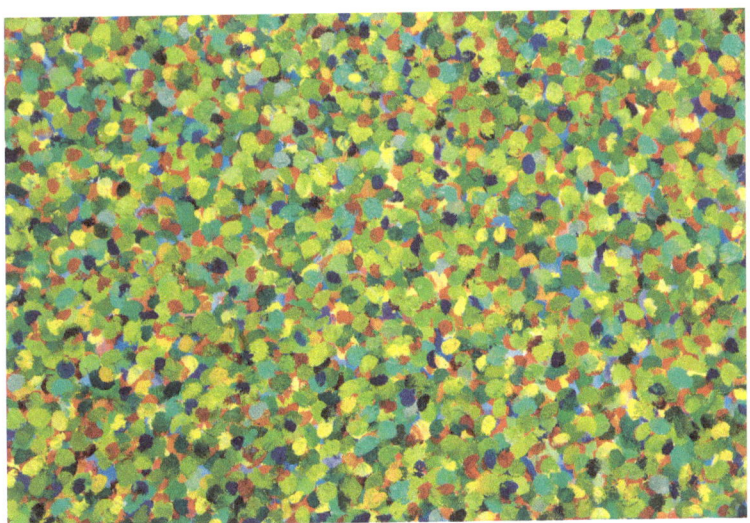

16-05   Öl auf Baumwolle 60 x 40 cm

Sichtbare Zeit – Ausstellung in der Kulturwerkstatt Meiderich

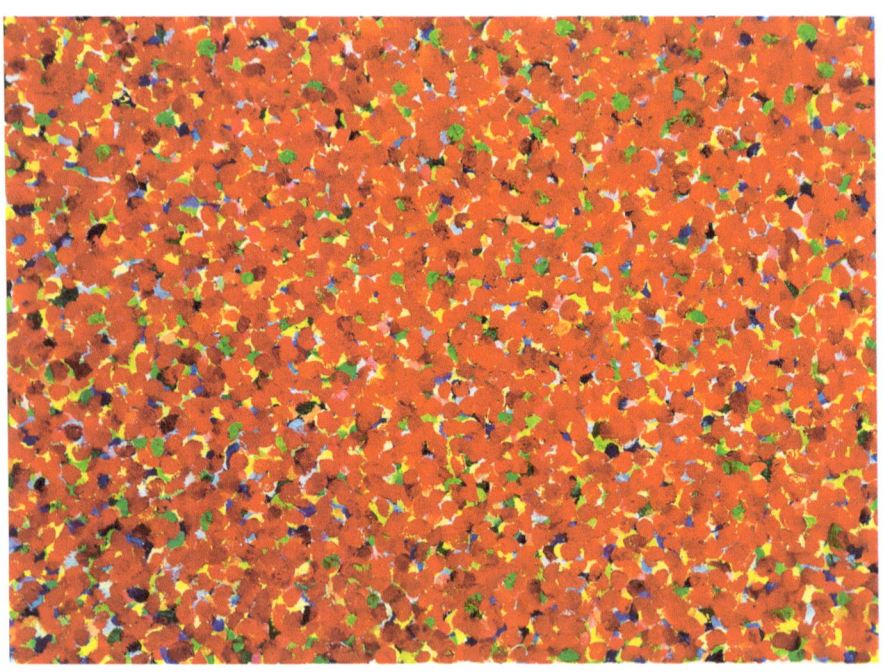

17-03   Öl auf Baumwolle 70 x 50 cm

Rudi van Dijk

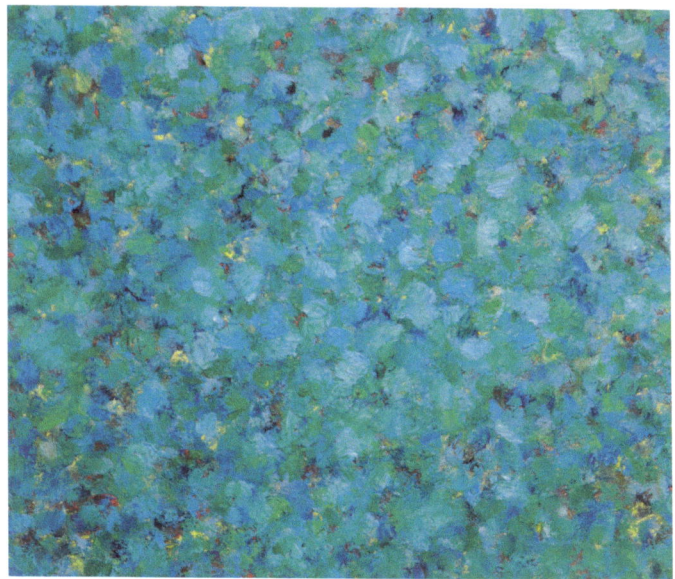

09-01   Ölfarbe auf Sperrholz   38 x 32 cm

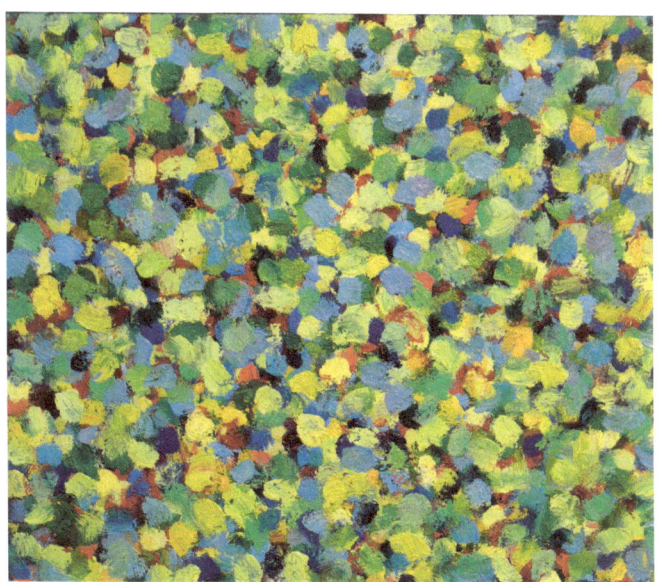

12-04   Ölfarbe auf Sperrholz   38 x 32 cm

Sichtbare Zeit - Ausstellung in der Kulturwerkstatt Meiderich

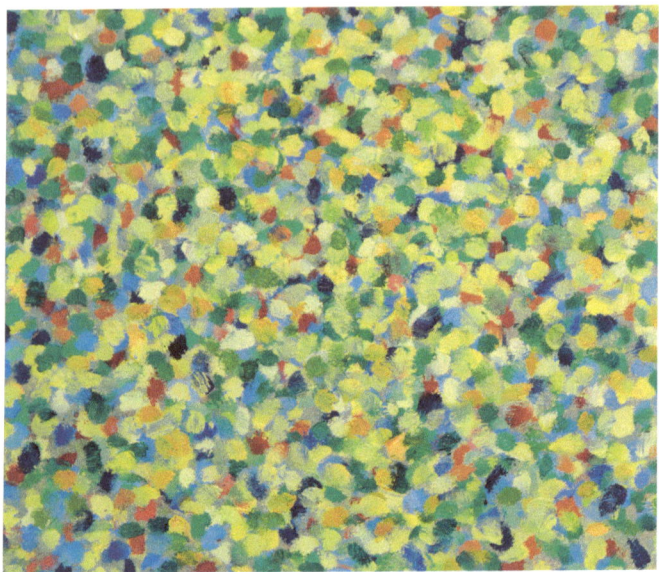

11-01   Ölfarbe auf Sperrholz   38 x 32 cm

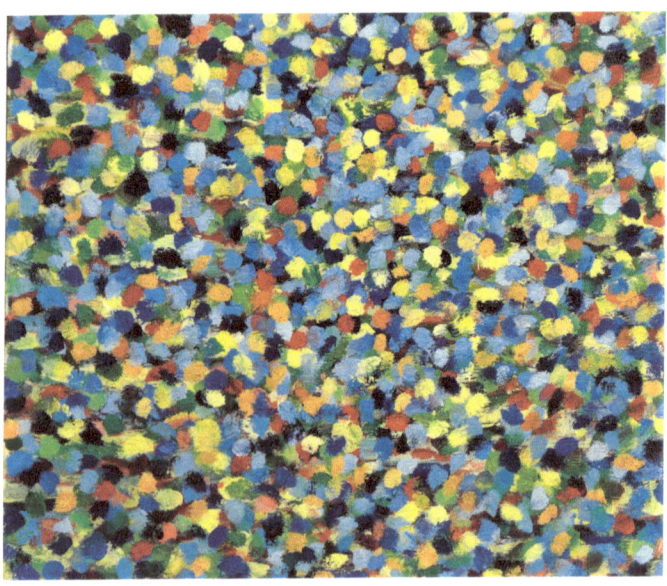

12-05   Ölfarbe auf Sperrholz   38 x 32 cm

Rudi van Dijk

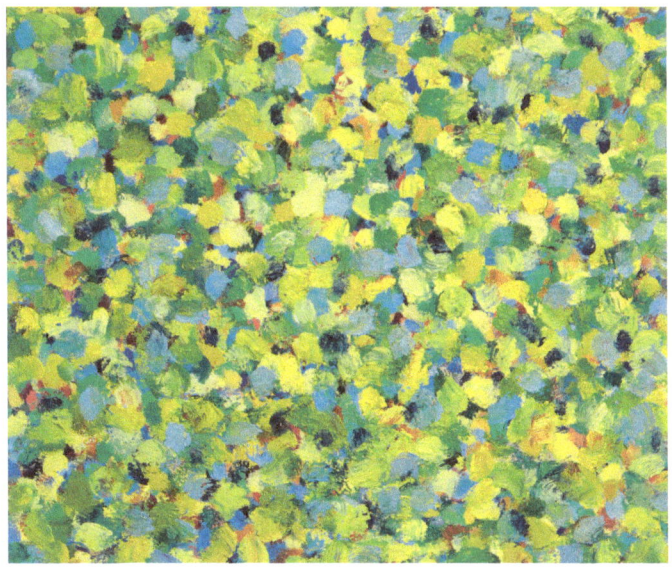

12-02   Ölfarbe auf Sperrholz   38 x 32 cm

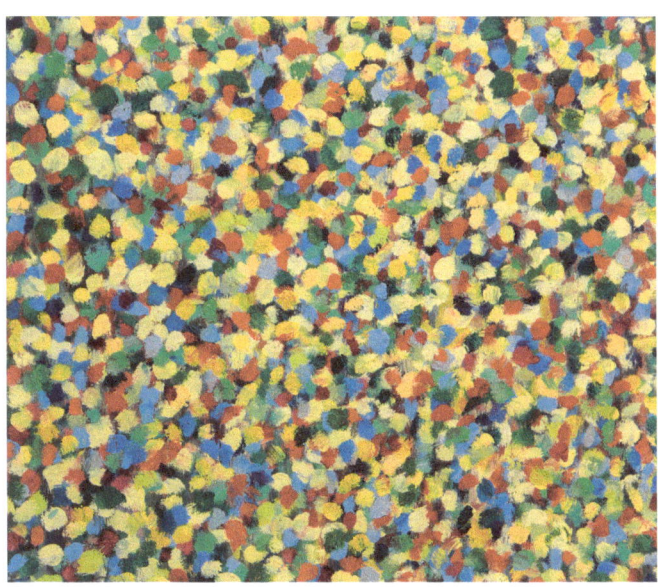

13-01   Ölfarbe auf Sperrholz   38 x 32 cm

Sichtbare Zeit - Ausstellung in der Kulturwerkstatt Meiderich

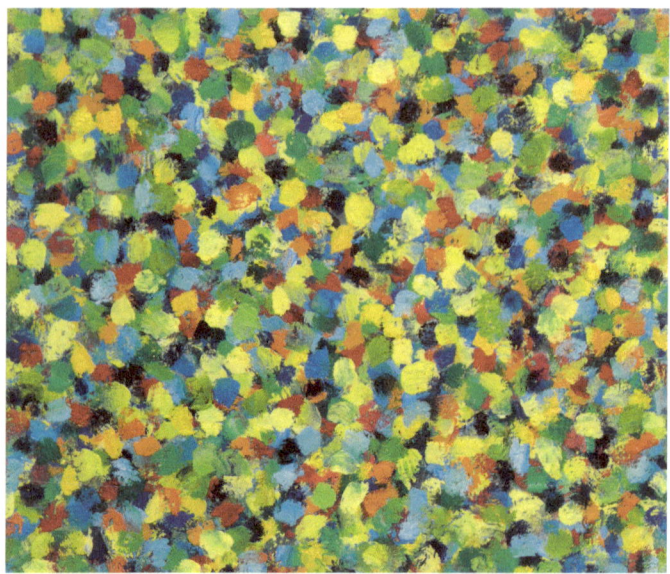

12-03   Ölfarbe auf Sperrholz   38 x 32 cm

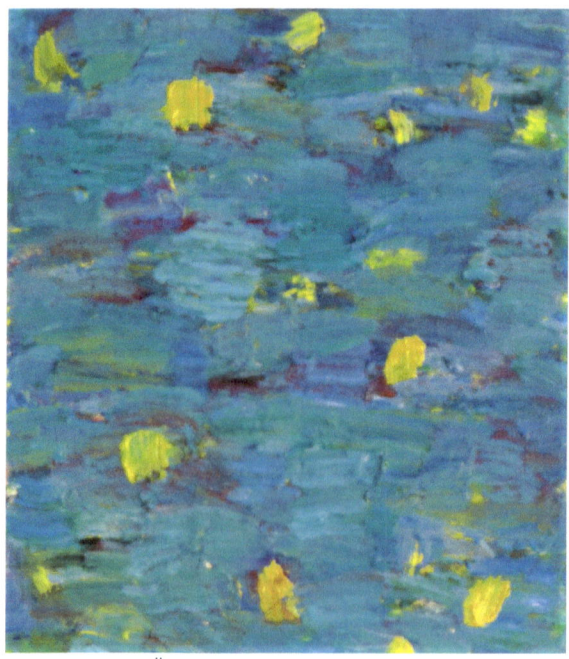

00-09   Öl auf Hartfaserplatte   20 x 22 cm

Rudi van Dijk

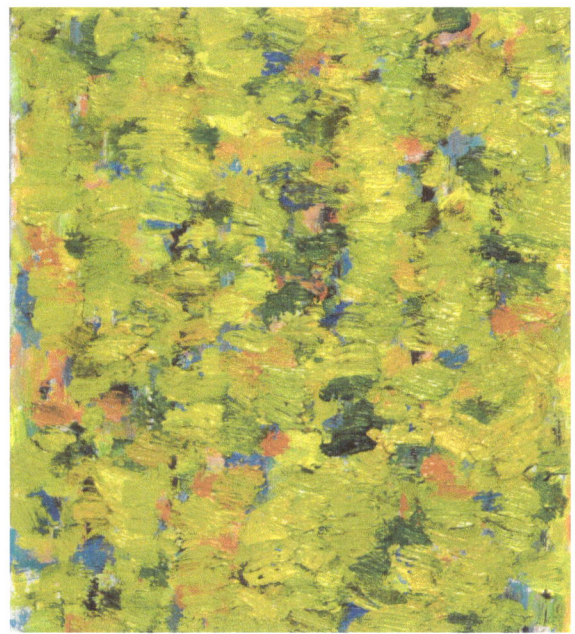

00-10   Öl auf Hartfaserplatte   20 x 22 cm

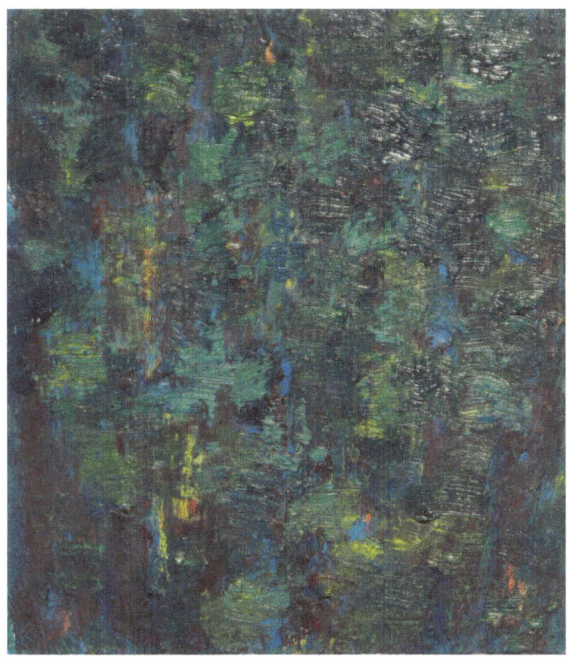

00-17   Öl auf Hartfaserplatte   20 x 22 cm

Sichtbare Zeit - Ausstellung in der Kulturwerkstatt Meiderich

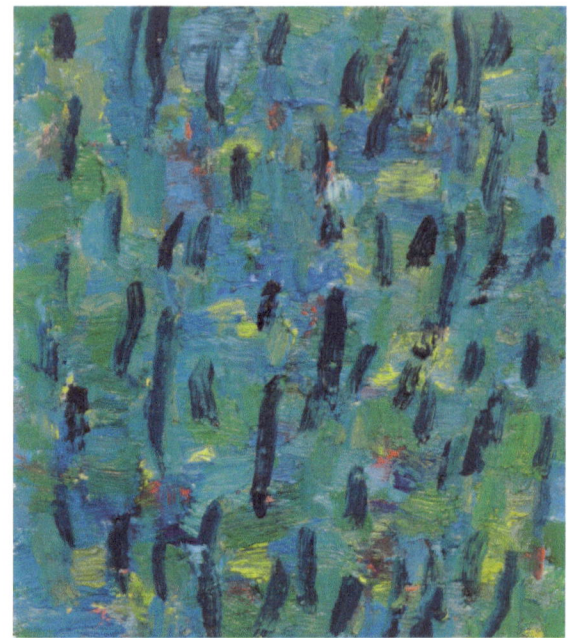

00-11   Öl auf Hartfaserplatte   20 x 22 cm

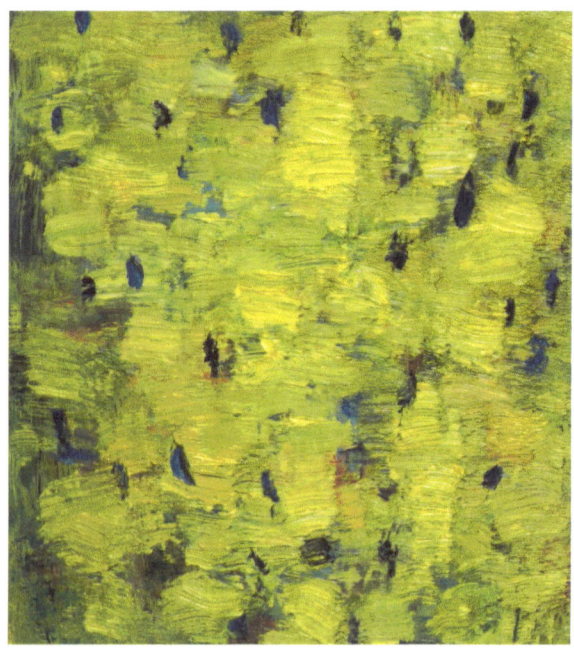

00-19   Öl auf Hartfaserplatte   20 x 22 cm

Rudi van Dijk

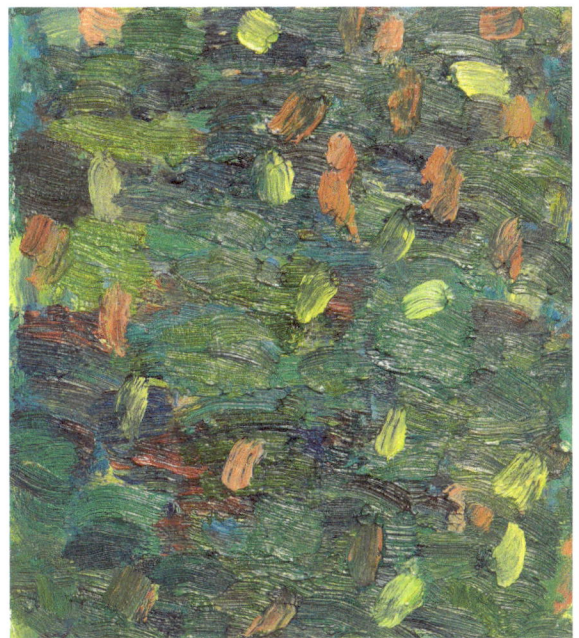

00-12   Öl auf Hartfaserplatte   20 x 22 cm

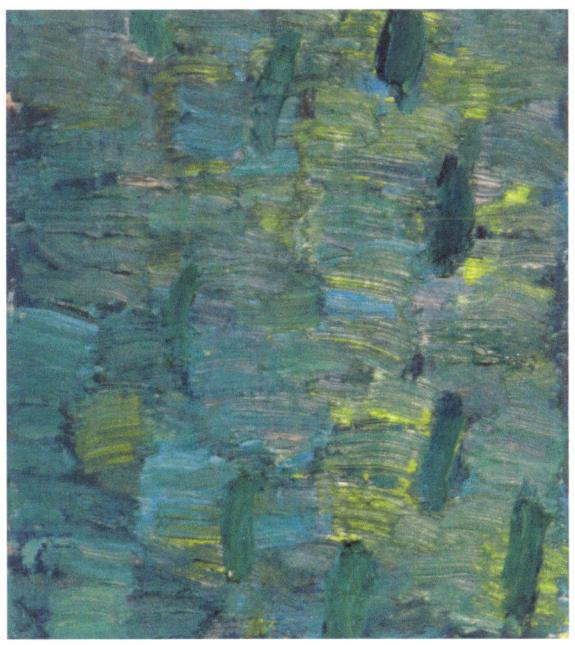

00-20   Öl auf Hartfaserplatte   20 x 22 cm

Zeichnungen

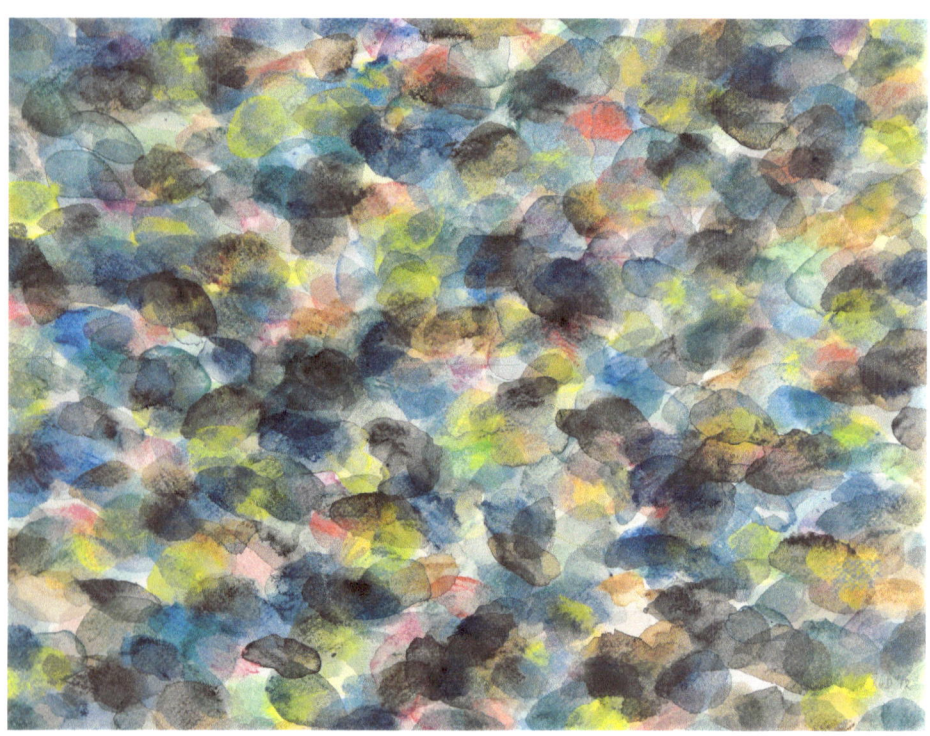

12-06   Aquarell-Kreide 65 x 50 cm gerahmt

Rudi van Dijk

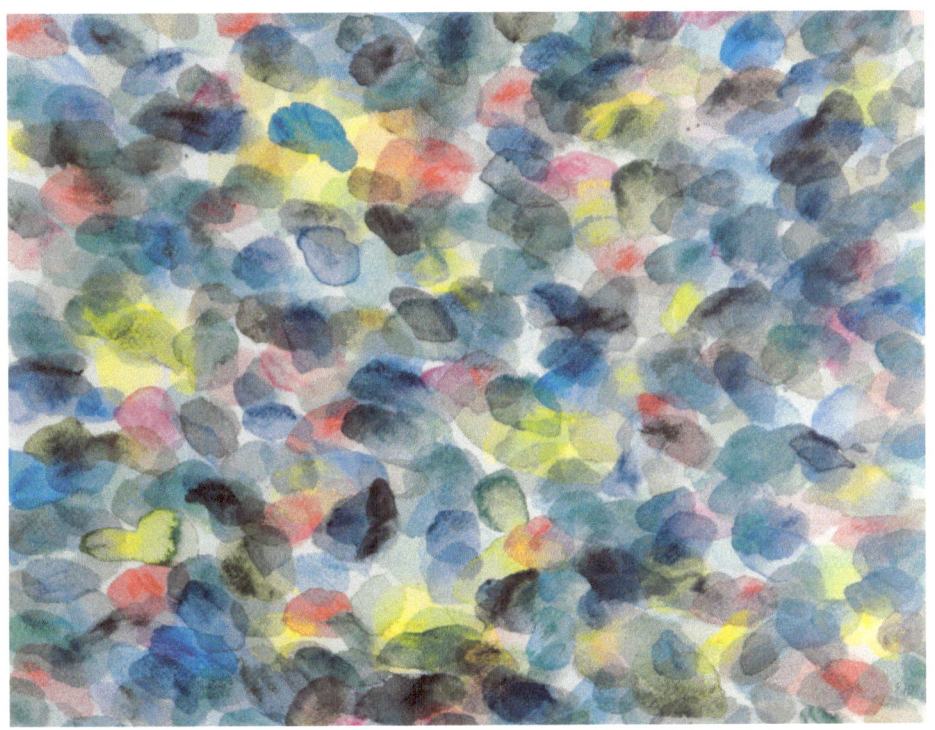

12-07   Aquarell-Kreide 65 x 50 cm gerahmt

Sichtbare Zeit - Ausstellung in der Kulturwerkstatt Meiderich

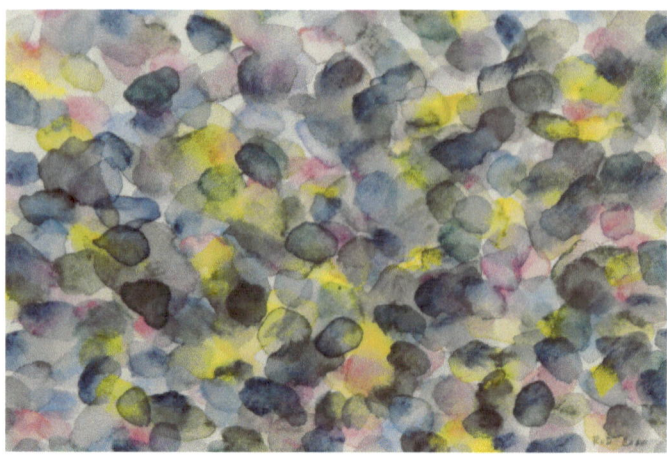

10-06   Aquarell-Kreide gerahmt 40 x 30 cm

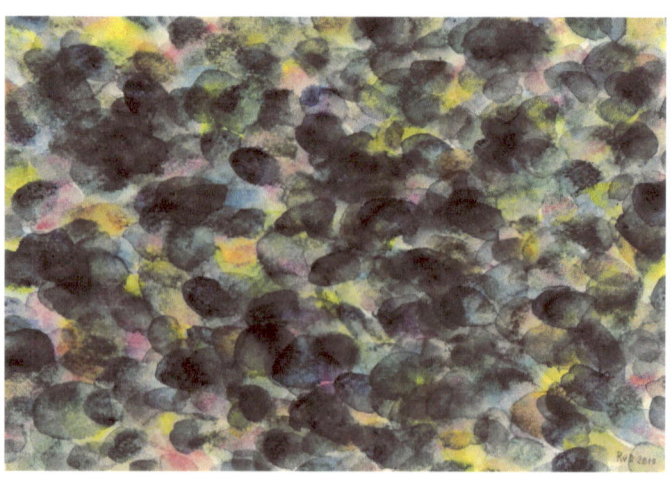

10-08   Aquarell-Kreide gerahmt 40 x 30 cm

Rudi van Dijk

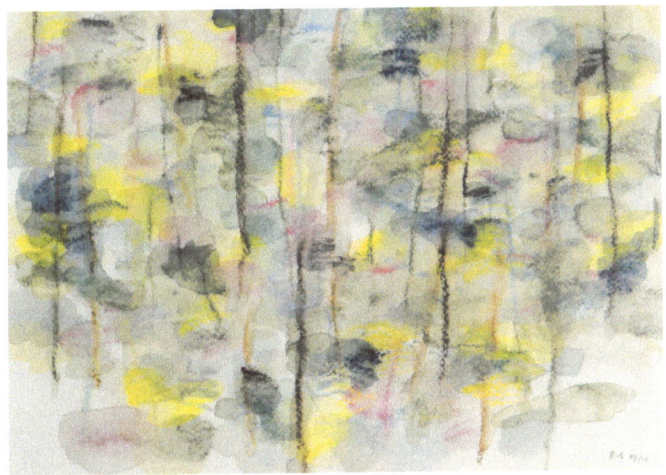

10-02 Aquarell-Kreide gerahmt 50 x 40 cm

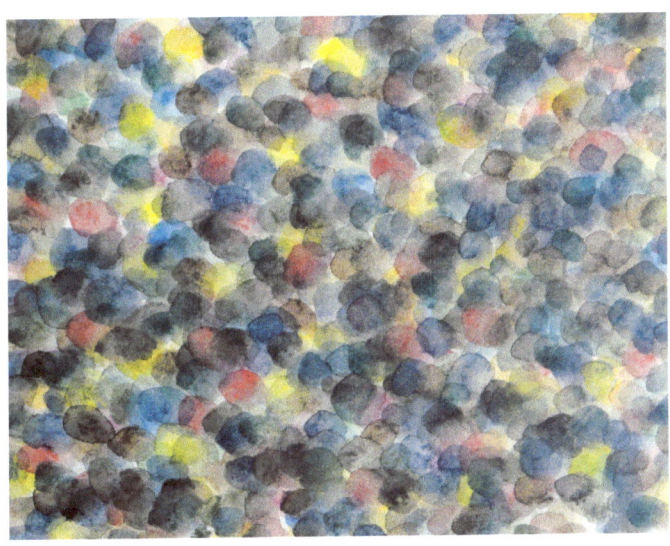

14-01 Aquarell-Kreide gerahmt 50 x 40 cm

Sichtbare Zeit - Ausstellung in der Kulturwerkstatt Meiderich

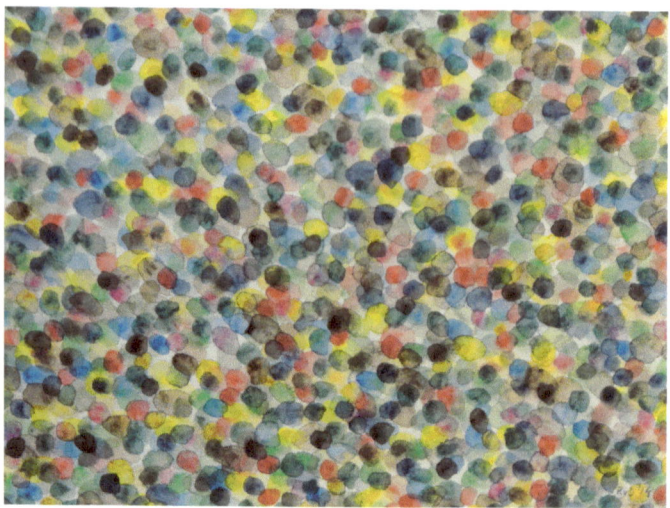

14-02 Aquarell-Kreide gerahmt 50 x 40 cm

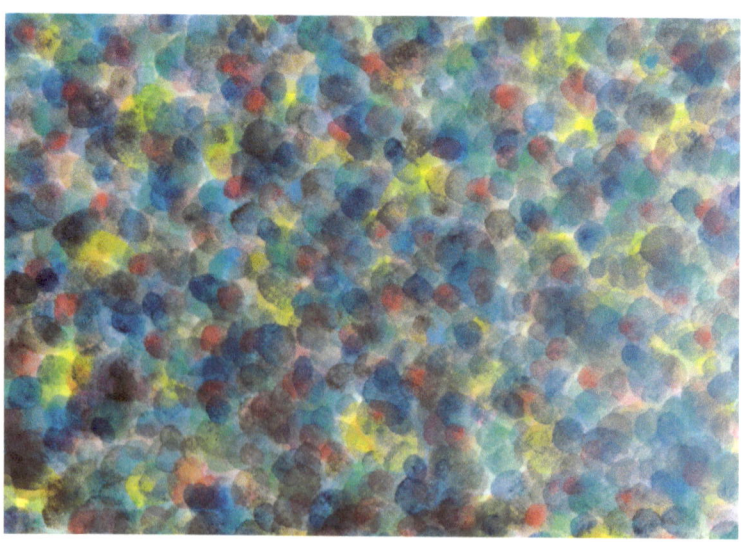

16-01 Aquarell-Kreide gerahmt 50 x 40 cm

Rudi van Dijk

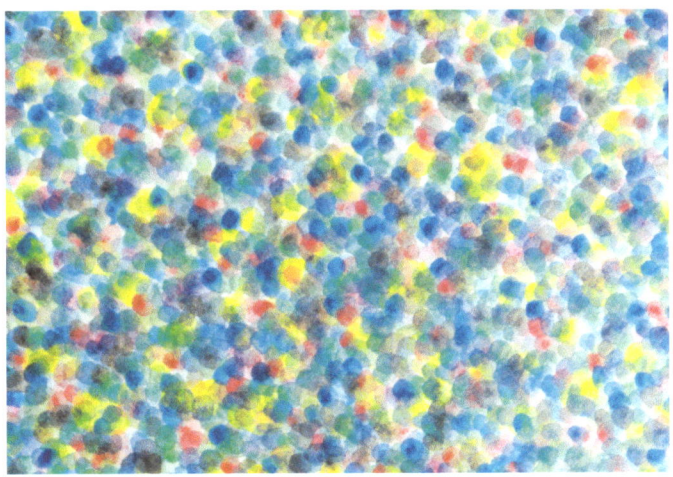

16-02 Aquarell-Kreide gerahmt 50 x 40 cm

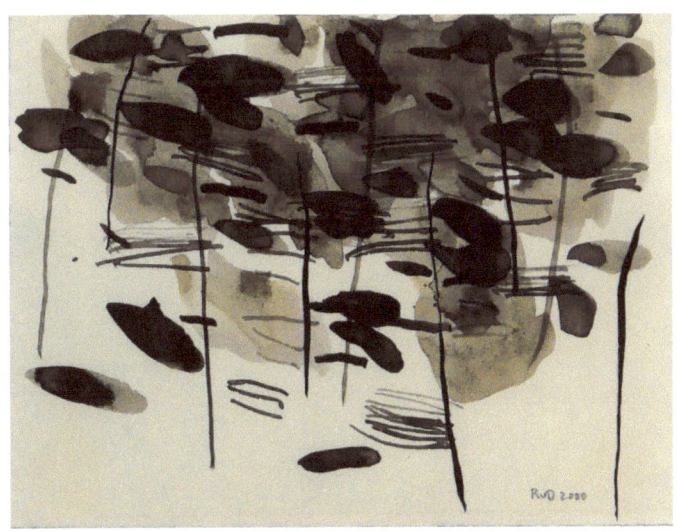

2000A1 Tusche auf Papier gerahmt 40 x 30 cm

Sichtbare Zeit - Ausstellung in der Kulturwerkstatt Meiderich

2000A2   Tusche auf Papier gerahmt 40 x 30 cm

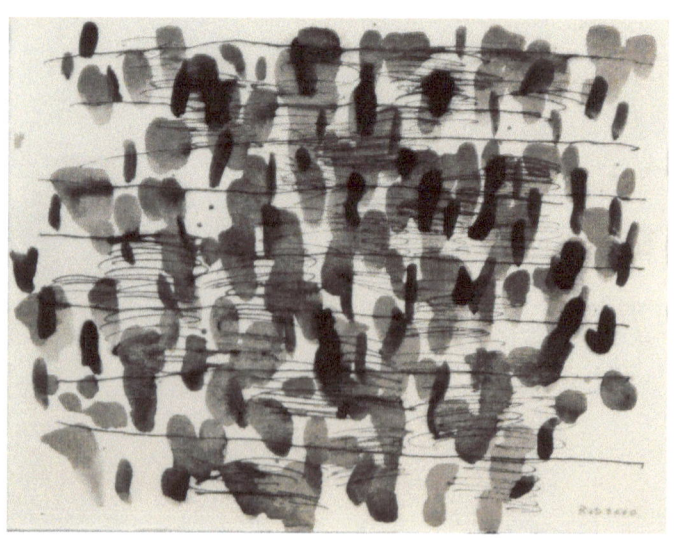

2000A3   Tusche auf Papier gerahmt 40 x 30 cm

Rudi van Dijk

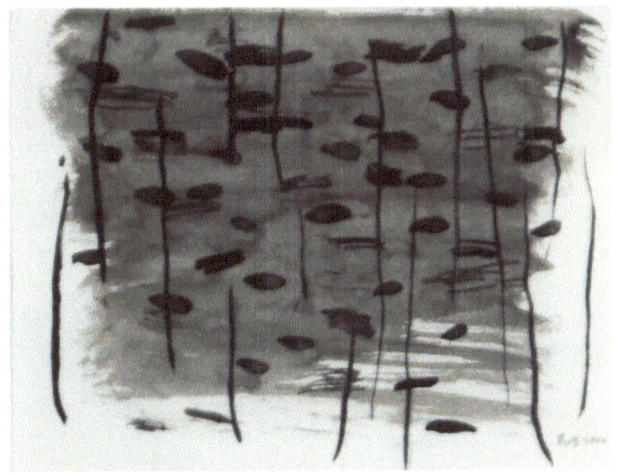

2000A4   Tusche auf Papier gerahmt 40 x 30 cm

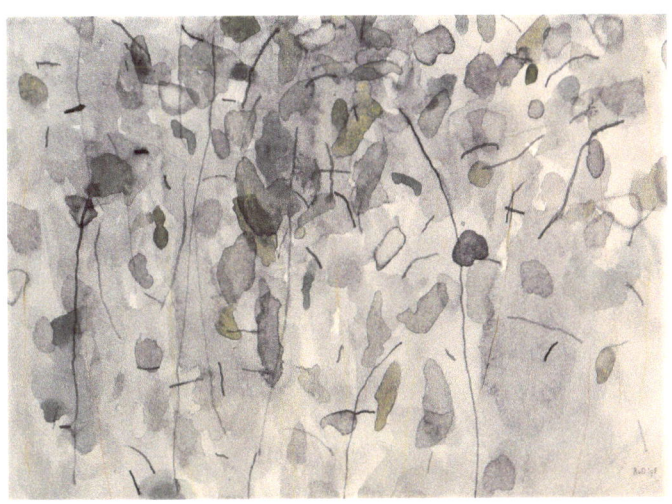

98-07   Tusche auf Papier 35 x 25 cm

Sichtbare Zeit - Ausstellung in der Kulturwerkstatt Meiderich

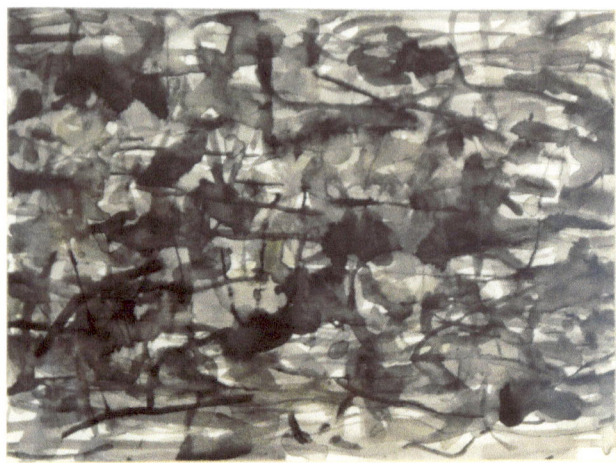

99-01   Tusche auf Papier 24,5 x 34,5 cm

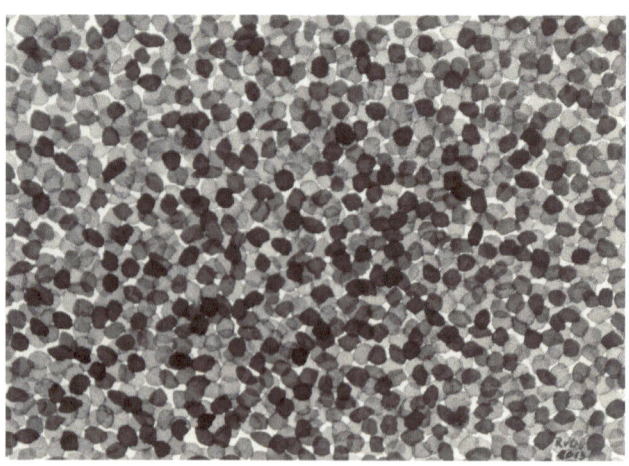

13-06   Tusche auf Papier 50 x 40 cm

Rudi van Dijk

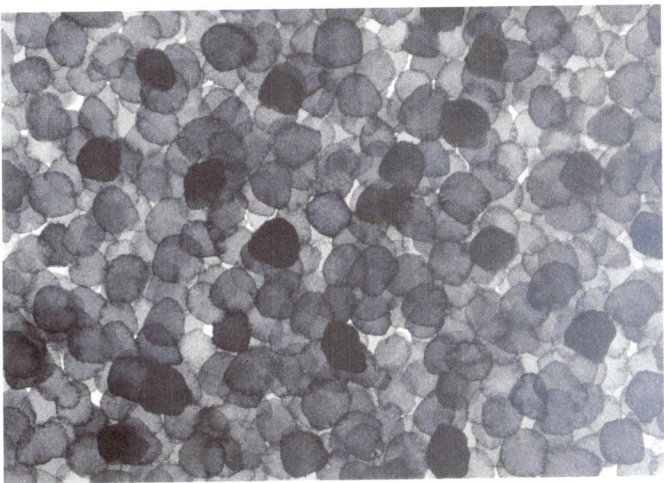

14-04   Tusche auf Papier 50 x 40 cm

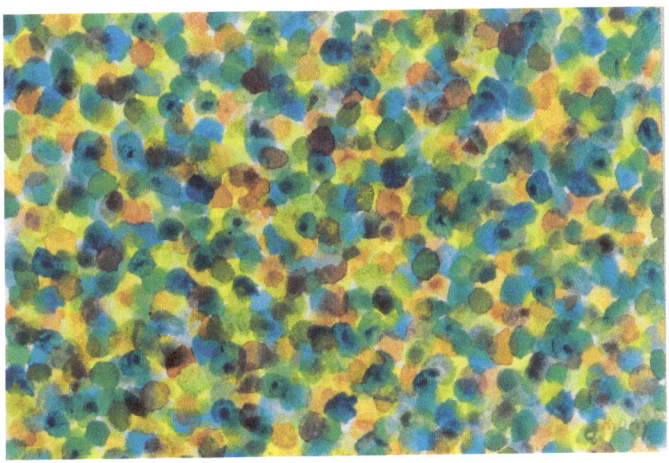

17-01   Gouache gerahmt 40 x 30 cm

Sichtbare Zeit - Ausstellung in der Kulturwerkstatt Meiderich

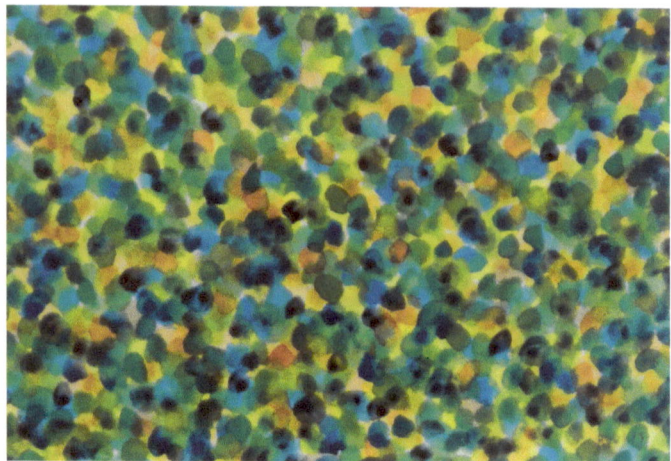

17-02   Gouache gerahmt 40 x 30 cm

Rudi van Dijk

Strobloemstraat 14

5643 JR Eindhoven

Nederlande

rudianjadijk@upcmail.nl

Kulturwerkstatt Meiderich   Bahnhofstr. 157   D-47137 Duisburg

www.ingramcontent.com/pod-product-compliance
Lightning Source LLC
Chambersburg PA
CBHW040251220526
45473CB00001B/446